Contraste insuffisant

NF Z 43-120-14

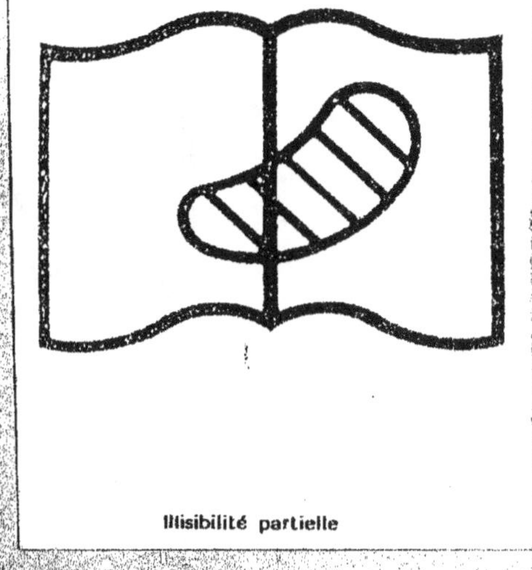

Illisibilité partielle

Valable pour tout ou partie du document reproduit

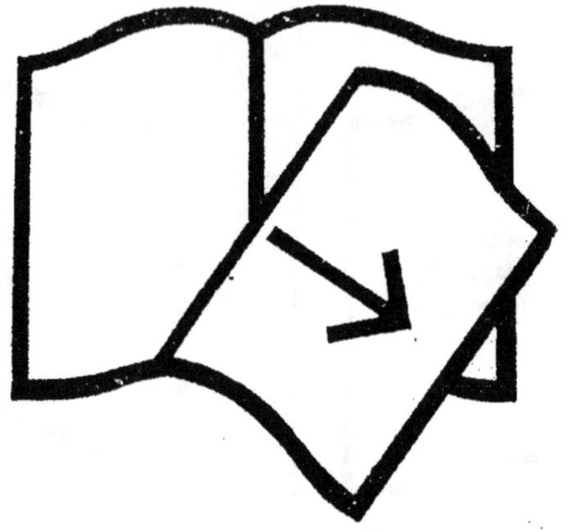

Couvertures supérieure et inférieure manquantes

DOCUMENTS

POUR SERVIR

A L'HISTOIRE DE LA VILLE DE CHERBOURG

RECUEILLIS ET ANNOTÉS

Par M. de PONTAUMONT,
Administrateur de l'Hôtel-Dieu de Cherbourg,
Chevalier de la Légion d'Honneur et de l'ordre de Saint-Grégoire d'Italie.

FIEF DU LARDIER (1318).

Les archives de l'Hôtel-Dieu de Cherbourg, possèdent un curieux mémoire de Dom Guillaume Jullien, prieur titulaire de cet établissement en 1714. Ce mémoire est une défense dirigée contre M. Pâté, curé de Cherbourg qui, nommé intérimaire dudit prieuré hospitalier par élection des bourgeois en 1693, prétendait, après un intérim de 21 ans, continuer à administrer les sacrements aux habitants dudit hospice après la nomination de Dom Jullien à cet important bénéfice. Le mémoire en question est intéressant au point de vue des origines de Cherbourg et surtout de son *Fief du Lardier* peu connu jusqu'à présent.

Malgré les incendies et les sièges qui ont désolé Cherbourg, il est resté, dit Dom Jullien, à la Maison Dieu des titres suffisants pour prouver que cet établissement a longtemps possédé des droits royaux et des privilèges qui ne pouvaient lui appartenir que par donation d'un souverain, lequel ne devait pas être postérieur au duc Guillaume. Ces titres portaient avec eux le caractère d'une donation faite non par pure libéralité, mais bien par obligation.

Ce sont ces droits dont il est fait mention dans la Chartre que le roi Philippe-le-Long, délivra à la maison Dieu de Cherbourg en 1320 pour ratifier la sentence rendue à Valognes par le bailly du Cotentin en 1318. Cette sentence est ainsi conçue :

« L'an de grâce, l'an 1318, le mercredi continu du lundy » avant Noël, par devant nous furent présents Jehan de » Beuzeville, écuyer et Colin du Laignier et lours compa- » gnons, pasnageours des forêts de Bric de l'an 1317 d'une » part et Jehan Cabieul, prestre, Priour et Garde de la » Maison-Dieu des pouvres de Chierbourg, pour lui et ses » hommes maignans et resseans en fieu que s'en appelle » le *Fieu du Lardier* à Chierbourg, sur ce que lesdits pan- » nageours avaient proposé que les dessus dits avoient ma » passé lours pors audit panage entant que ils les avoient » tous passez comme frans et ils ne les étoient pas. Si com- » me ils disoient, et mêmement si le fieu gardoit franchise » en soy si ny en peut il avoir que un franc, navoient, » les dessus dits, maintenu le contraire disant que ils sont » francs de panage et ont esté eux et tous les resséants qui » sont et ont été endit fieu de si longtemps que mémore » d'homme n'est du contraire et pour lours franchises avoir » coutumes et autres. Les hommes audit Priour resseans » en dit fieu le panage durant à Tourlaville prennent les » pors qui échient au Roy pour raison dudit panage et le » dit Priour comme ils échient leur coupe les oreilles et les » met en la broche devant ceux qui tiennent le pânage et » ledit Priour a le second porc qui y echiet au Roy au com-

» mencement des porcs passez audit Pasnage et douze de-
» niers tournois pour chacun jour que le pânage durera.
» Et se ils avient ou avenoit que pour cause de guerre il
» convenist faire ordre des chars en chatel de Chierbourg
» pour notre sire le Roy, ledit Priour et ses hommes seront
» tenus à faire le service et pour chacun jour que le service
» dureroit, ledit Priour airoit douze deniers tournois. Et
» sur ce la vue avait esté termée entre les dites parties la-
» quelle est faite aujourd'huy par quarante-huit hommes
» des prochaines paroisses en la présence des Veours des
» dites forests lesquels furent à la vue, lesdits panageours
» délaissèrent leur opposition et disrent que eux étoient
» informez que c'étoit le droit audit priour et a ses hommes
» dessus dits et que eulx étoient et avoient esté toujours
» francs de panage et tous ceux qui ont esté résidens et
» demourans en dit fieu. Et pour scavoir si le Roy nostre
» sire y a nul droit, nous commismes au vicomte de Val-
» logues a ouïr la déposition de lenqueste et ce que les
» Veours des dites forêts voudront dire sur ce. Lequel vi-
» comte nous rapporta présentement qu'il avait fait jurer
» lesdits hommes, et lour avoit demandé si ils appartenoient
» de rien au priour ni à ses hommes dessus dits, ou cou-
» sins, compères, justiciables, ni à lours femes, et ils avoient
» dit que non. Et après qu'il leur avoit demandé, en pré-
» sence des veours desdites forêts, si ledit priour et ses te-
» nants dudit fieu avoient esté francs de panage, si tou-
» jours en étoient par les services et redevances dessus dites
» et ils lui avaient dit que ouy, et aussy luy avaient dit les
» veours desdites forests. Pourquoy nous bailly déssus dit,
» à la relation du dit vicomte, délivrâmes au dit priour et
» resseants dudit fieu leurs franchises et s'en allèrent quit-
» tes et défendus vers les dits panageours et francs sans
» payer panage et en lour saisine. Donné sous le scel de la
» Baillie en jour dessus dit. »

Il résulte donc de cette sentence :

1° Que le prieur de l'hôtel Dieu possédait un fief à Cherbourg, nommé le *fief du lardier* ;

2° Que les bourgeois étaient les vassaux du prieur, ou, comme le dit la sentence, ses hommes ;

3° Qu'il était leur commandant en temps de guerre ;

4° Que le service de la garde du château obligeait le prieur et ses vassaux aux actes les plus périlleux dans un siége, comme les sorties pour *ardre les chars*, c'est-à-dire pour brûler les chariots de guerre, les béliers et semblables machines dont on se servait pour attaquer les châteaux;

5° Que le prieur était en réalité seigneur de Cherbourg ; car c'était en réalité être seigneur que d'avoir dans la ville fief, honneurs et tenants, sans être obligé à faire autre chose qu'un service militaire;

6° Que plusieurs droits royaux étaient attachés au fief du Lardier, comme celui d'avoir pour le prieur et les bourgeois ses vassaux, franc panage dans les forêts de Brie qui appartiennent au roy ; de faire prendre par ses vassaux les porcs qui échéaient au roi ; de couper les oreilles à ces porcs et de les mettre à la broche, non pour les garder comme échantillon afin de les reconnaître, comme le dit ridiculement messire Pâté, mais au contraire, c'était pour le profit du prieur, comme on le peut juger par ces termes de la sentence: que le prieur coupait les oreilles aux porcs et les mettait à la broche devant ceux qui tiennent le panage, ce qui n'est dit ainsi que pour mieux établir que le prieur avait toujours joui de ce droit, en présence même des officiers du panage.

Il existe une autre sentence rendue en 1404 aux pieds de la Verderie de Cherbourg, pour homologuer deux lettres, l'une de Hector de Chartres, maistre et enquesteur des eaux et forests du roy ès pays de Normandie et de Picardie; l'autre du comte de Tancarville, souverain maistre et général réformateur des eaux et forests par tout le royaume lesquelles lettres étaient pour confirmer à Richard Essymeneaux prieur de l'hôtel Dieu de Chierbourg et à ses hommes, lours franchises, coustumes et usages dans la forêt de Brie. C'est-à-dire franc panage, droit de chauffe et de prendre du bois à bâtir dans la dite forêt. Ces lettres furent demandées par le prieur lors du changement de gouvernement qui survint lorsque le roi de France racheta la ville et château de Cherbourg au roi de Navarre.

Messire Jullien produit aussi un mémoire tiré du Cartulaire de l'hôtel Dieu indiquant les maisons de Cherbourg sur lesquelles le prieur avait encore des rentes à prendre en 1477, époque à laquelle on travaillait à la collation du dit cartulaire, ainsi qu'il résulte d'un contrat enregistré au fol. 31 dudit cartulaire.

Ce mémoire ou déclaration désigne 41 maisons ou terrains à bâtir qui doivent au prieur des rentes en argent, pain, chapons, gélines, œufs et mansois, et il est spécifié à chacun des articles que ces rentes sont dues au prieur à cause du *fief du Lardier* dont ces héritages relèvent.

Mais ce qui justifie encore plus distinctement l'existence et la qualité de ce fief, c'est que ce mémoire fait mention de deux maisons, de l'une desquelles il est dit qu'elle est tenue dudit fieu du Lardier pour partie du prieur de l'Hôtel-Dieu et partie de l'abbé du Vœu qui a des extensions de fief dans la ville. Il est dit de l'autre maison qu'elle est *des fieux de l'Abbé*.

Il est facile de prouver que le fief du Lardier, avec tous ses droits, provient de la donation du duc Guillaume, ce que l'on pourra admettre fort aisément par les trois considérations suivantes :

1° Il est certain que le fief du Lardier, avec tous ses droits royaux, n'a point été acheté par un prieur, ni donné à l'hopital par un particulier ; mais qu'il est venu immédiatement de la main d'un souverain qui aura ainsi érigé ce fief en le donnant à l'hôpital. Car un souverain n'a jamais érigé un fief en faveur d'un de ses sujets avec de telles prérogatives que de se faire lui-même le redevable de son vassal en s'obligeant à lui payer des rentes ; de partager avec ce vassal les droits qu'il lève sur les forêts qui lui appartiennent et de consentir que ce vassal perçoive une espèce de tribut sur lui. Il n'y a qu'en faveur de Dieu ou des pauvres qu'il aura voulu ériger un tel fief, dans un temps surtout où les hommes ne comptaient leur dépendance ou leur indépendance que par celles des terres qu'ils possédaient.

2° Il est certain que le donateur de ce fief et de ces droits est un duc de Normandie et non un roi de France, car la dite sentence précitée de 1318 spécifie expressément que Cabicul, prieur de l'Hôtel-Dieu de Cherbourg, auquel les droits du pânage étaient contestés, en prouva la possession immémoriale par le témoignage de 48 témoins, ce qui fait remonter la possession de ces droits et du fief du Lardier à plus de cent ans et par conséquent jusque sous les ducs de Normandie, qui ne perdirent leur duché que sous Philippe-Auguste, l'an en 1203, c'est-à-dire cent quatorze ans avant ladite sentence.

3° Ce duc de Normandie, donateur du fief du Lardier, ne peut être postérieur au duc Guillaume, parce que après lui un souverain qui aurait fait une donation à l'hôpital de Cherbourg, se serait bien gardé de lui constituer un fief avec obligation de service militaire, attendu que le concile de Clermont tenu sept ans après la mort du duc Guillaume (1087) défendit aux gens d'église de porter les armes.

Cette donation a donc été faite au moins avant le concile de Clermont, et comme il n'y a que sept ans entre la mort de Guillaume le conquérant et le concile, on ne peut attribuer la donation en question à un duc postérieur au glorieux conquérant. L'histoire nous apprend d'ailleurs que ce duc-roi est fondateur de l'Hôtel-Dieu de Cherbourg, et que de son temps les ecclésiastiques ne se faisaient pas scrupule d'entrer en bataille.

Odon, évêque de Bayeux, était général d'armée à la conquête d'Angleterre et ce prélat est représenté une massue à la main dans une tapisserie de son temps qui est encore aujourd'hui dans la cathédrale de Bayeux et qui représente la bataille d'Hasting.

D'ailleurs, la somme de douze deniers tournois par jour, accordée par ce duc-roi au prieur de l'Hôtel-Dieu de Cherbourg pour le service militaire dans le château de Cherbourg dénote une donation faite non de pure libéralité mais bien d'obligation. Jamais prince, en donnant des fiefs à l'église par libéralité ne s'est avisé d'y joindre une solde de présence pour le service militaire auquel les fiefs en général étaient assujettis de plein droit.

Il est donc prouvé que l'Hôtel-Dieu de Cherbourg a possédé des biens fonds de la donation de Guillaume le conquérant, qu'il les possédait du temps de Wace, et qu'il en a joui pendant plusieurs siècles, et tout au moins jusqu'en 1477, temps de la rédaction du mémoire précité inséré dans le cartulaire. Et comme l'Hôtel-Dieu qui subsistait sous le prieur Cabieul, est le même que celui qui subsiste aujourd'hui, de l'aveu même de Messire Paté, il s'en suit que l'hôtel-Dieu d'aujourd'hui est le même dont parle Wace et les autres historiens.

C'est donc bien mal, dira-t-on en terminant, d'avoir recours à des conjectures mensongères pour reléguer dans le domaine fabuleux cet ancien Hôtel-Dieu doté et enrichi par le duc-roi Guillaume, et de chercher à persuader au public que l'établissement qui subsiste aujourd'hui à Cherbourg n'est pas le même.

ANNEXES.

CONCESSIONS ROYALES

FAITES AUX VILLES ET PORT DE CHERBOURG

DE 1464 A 1718.

Les archives de l'ancienne chambre des comptes de Normandie nous fournissent la charte suivante qui constate tous les privilèges royaux concédés à la ville et au port de Cherbourg depuis Louis XI jusqu'à Louis XV.

Louis, par la grâce de Dieu, roi de France et de Navarre, à tous présents et à venir, salut :

La ville de Cherbourg en notre province de Normandie étant frontière maritime, située sur une grève forine, unie et sans rocher et tellement penchante sur la mer qu'en plusieurs endroits les vaisseaux de ligne peuvent approcher de terre, à la portée du fusil, et les chaloupes peuvent y débarquer partout des troupes à pied sec. Au milieu de cette grève, qui a plus de deux lieues et demie de longueur est placée ladite ville à l'entrée d'un port spacieux et au fond d'une grande baye formée en partie par cette grève qui à la figure d'un croissant, à la distance de quatre à cinq lieues et des deux côtés de la ville, sont les deux fameux caps de la Hague et de Barfleur qui forment à leur pointe deux grands ras ou tourbillons d'eau fort dangereux.

Cherbourg et ces deux caps sont à la tête d'une langue de terre qui s'avance jusqu'au milieu de la Manche, dans le voisinage et vis-à-vis du principal port de guerre des Anglais, où ils font presque tous leurs armements de mer, port qui n'est éloigné que de trois heures en vent favorable. avec cette circonstance qu'à l'aide de différents courants et marées ils peuvent venir à la ville en vingt-quatre heures, même de vent contraire. A côté d'icelle, dans une distance beaucoup moindre, sont les îles Anglaises de Gerzey, Guernezey, et Origny, où cette nation et leurs alliés entretiennent en temps de guerre un nombre infini de corsaires pour ruiner le commerce de nos subjets.

C'est cette situation qui met les habitants de notre dite ville dans la nécessité d'être tous les jours aux mains avec nos ennemis en temps de guerre, non-seulement pour empêcher leur descente, mais encore à tous moments pour défendre nos vaisseaux ou ceux de nos alliés qui passent dans la Manche, parce que la mer qui est devant Cherbourg étant toute couverte ou de vaisseaux garde-côtes que les Anglais entretiennent continuellement dans ce rétrécissement de la Manche ou des vaisseaux de guerre de Portsmouth. A mesure qu'ils s'approchent à la hauteur de la dite ville ou des corsaires des Iles, les vaisseaux de nos subjets n'évitent d'être pris qu'en arrivant à la faveur de la nuit et en contoyant l'un des deux caps, aussi ils sont contraints d'y rader un ou plusieurs jours pour attendre le vent, la marée et la nuit favorables pour doubler l'autre cap. Ils seraient infailliblement aperçus et attaqués dans cette baye même, si ces vaisseaux étaient trop gros pour entrer dès la première marée dans le port. Si pour éviter ce retardement nos vaisseaux entreprennent de doubler de jour les deux caps, ce qui ne se peut faire sans être aperçu des ennemis et de dans leur port même au cap de la Hague, ils sont poursuivis par un grand nombre de vaisseaux Anglais qui s'assemblent de toutes parts à leur vue jusqu'à Cherbourg, seul azile qu'ils aient dans toute cette côte, et où le secours des habitants de notre dite ville, les ont mis tant de fois en sûreté.

C'est par les considérations de cette importante situation que les roys nos prédécesseurs ont accordé plusieurs privilèges et immunités aux habitants de Cherbourg et par forme de dédommagement des dépenses immenses à quoy ils sont obligés pour la garde de jour et de nuit de leur ville, tant en temps de guerre que de paix et de se fournir de munitions de guerre et de bouche et particulièrement pendant la dernière guerre, temps où ils sont obligés de monter la garde jusqu'à deux ou trois jours de chaque semaine, tant aux forts qu'à l'entrée du port, proche le magasin des munitions de guerre qui se conservent en ladite ville, et de se mettre sous les armes pendant le jour et la nuit.

Les dits priviléges consistent en l'exemption de toutes tailles, aydes, ainsi qu'en quatrième, subvention, droits de gabelles, logement de gens de guerre, us et coutumes, pouvoir de maintenir et faire valoir leurs biens et héritages par leurs mains et de leurs domestiques, en quelques lieux qu'ils soient situés, exemption de toutes autres charges quelconques, mises et à mettre en notre province de Normandie pour quelque cause et occasion que ce soit, conformément aux chartres de Louis XI, en 1464, treize ans après la sortie des Anglais; Charles VIII en 1483; Louis XII en 1498; François Ier en 1520 et 1532; Henry 2e en 1547 Charles IX en 1562; Henry III en 1576; Henry IV en 1594; Louis XIII en 1613 et Louis XIV en 1653, en interprétation desquelles chartres, registrées partout ou besoin a été. Plusieurs arrêts seraient intervenus en faveur desdits habitants portant exemption de plusieurs impositions particulières et nouvelles qui leur étaient demandées, par celui du 4 mars 1634. Ils auraient été déchargés des droits d'entrée tant sur les molües vertes et sèches, harengs et tous autres poissons de leurs pêches. Autre du 19 août 1637 du paiement de 16 sols par barils de sel entrant dans la dite ville; autre du 14 janvier 1655 portant décharge de l'ustensile et logement des gens de guerre; autre du 25 novembre 1669 par lequel ils sont maintenus en la possession et jouissance de l'exemption des droits de gabelle à la charge de se servir pour leurs menues salaisons des sels blancs qui se fabriquent dans les marais du Croisic et de n'en abuser.

Et pour faciliter leur commerce ordinaire par l'adjudicataire de la ferme des gabelles les quantités de sel gris dont ils pourront avoir besoin pour la salaison de leurs pêches et autres grosses salaisons leur seront fournies au prix qui sera réglé par le commissaire départi en la généralité de Caen, sur le pied et à proportion de ce qu'il a été vendu en la ville de Cherbourg pendant les deux dernières années.

Et le dernier du 14 août 1674 qui maintient les dits habitants en leurs privilèges de franc aleu et franche bourgeoisie et autres exemptions et franchises à eux accordées pour en jouir pleinement conformément aux lettres patentes du mois d'août 1653, et en conséquence les a déchargées de toutes taxes faites ou à faire pour raison de ce et pour raison des fiefs, terres et autres biens et droits nobles et en franc aleu par eux possédés et ensemble de toutes poursuites qui pourront être faites contre eux pour les obliger à donner leur déclaration des maisons et héritages par eux possédés en franc aleu et franche bourgade pour la confection de notre papier terrié, comme aussi déchargés des taxes faites sur les marchands et artisants de la dite ville qui font commerce ès arts et métiers.

La concession de tous les dits privilèges a été accordée à ladite ville à bon et à juste titre comme prix d'une fidélité dont ils nous ont donné des preuves éclatantes pendant les guerres civiles et étrangères.

En 1293 et 1349, les Anglais ayant paru inopinément, en pleine paix devant Cherbourg, ils mirent le siège devant le château, la seule fortification qu'il y eût en ce temps là, dont ils furent si vigoureusement repoussés par les habitants qu'ils furent obligés de le lever, après avoir, pour se venger, pillé et brûlé leurs maisons.

En 1418, ayant été assiégés par le duc de Cloucester avec les forces d'Angleterre, il perdit le tiers de son armée et il aurait eu la même destinée de le lever, lorsque le traître, Jean d'Angennes, qui en était gouverneur, lui vendit la place.

En 1450, l'armée du roi Charles VII, de glorieuse mémoire, l'ayant assiégée, les habitants qui avaient conservé, pendant 32 ans que Cherbourg fut sous la domination des Anglais, leur affection pour leur légitime souverain, refusèrent tout secours aux Anglais et firent un vœu pendant le siège, de bâtir dans leur église un monument pour être délivrés des Anglais, lequel monument s'y conserve encore aujourd'hui par les soins d'une confrairie composée de douze des principaux bourgeois. Et sous le règne de Henry-le-Grand, les rebelles de la Basse-Normandie ayant tenté de prendre Cherbourg pendant l'office divin le dimanche des Rameaux, furent obligés de se retirer, du Tourp (1), leur chef, y fut tué et sa tête plantée sur la porte de la ville. En mémoire de cette victoire, les habitants continuent de faire une procession la veille des Rameaux.

De tous lesquels privilèges octroyés auxdits habitants par les roys nos prédécesseurs, en considération de la sincère fidélité et obéissance entière qu'ils leur ont inviolablement gardée et des dépenses extraordinaires à quoi ils sont sujets pour la garde de leur ville, tant en paix qu'en guerre, lesquels privilèges ayant été enregistrés partout

(1) Voir note A ci-après.

où besoin a été, et confirmés de règne en règne depuis Louis XI jusqu'au feu roy, notre très honoré seigneur et bisayeul de glorieuse mémoire, que Dieu absolve, qui leur aurait accordé ces lettres de confirmation. Nous, suppliant nos chers et bien amés bourgeois, manants et habitants de notre ville et faubourgs de Cherbourg de les en faire jouir pleinement et paisiblement, selon et ainsi qu'ils ont bien et duement joui sous le règne des roys nos prédécesseurs et de leur accorder nos lettres sur ce nécessaires.

Savoir faisons que pour ces causes et autres, à ce nous mouvant, de l'avis de notre très cher et très amé oncle le duc d'Orléans, petit-fils de France, régent; de notre très cher et très amé cousin le prince de Condé, prince de notre sang; de notre très cher et très amé oncle le duc du Maine; de notre très cher et très amé oncle le comte de Toulouse, princes légitimés, et autres pairs de France, grands et notables personnages de notre royaume ; après avoir fait voir en notre conseil les originaux de leurs privilèges ci-attachés sous le scel de notre chancellerie, désirant pour les mêmes raisons qui ont meu nos prédécesseurs à leur accorder lesdits privilèges, les maintenir en la jouissance d'iceulx, en considération de ce qu'ils ont toujours et sans interruption donné des preuves de leur affection singulière à notre service, nous avons auxdits bourgeois, manants et habitants de notre ville et faubourgs de Cherbourg confirmé et confirmons, continué et continuons par ces présentes, signées de notre main, tous et chacun les privilèges, prérogatives, prééminences, franchises, us, coutumes et droits à eux concédés et octroyés par nos prédécesseurs roys et même par le feu roy notre très honoré seigneur et bisayeul, ainsi qu'ils sont déclarés et spécifiés ès dites lettres et arrêts attachés sous notre contre scel ; voulons et nous plaît qu'ils en jouissent pleinement et paisiblement en la forme et manière qu'ils en ont bien et deuement joui ou dû jouir et qu'ils en jouissent et usent encore à présent, pourvu toutes fois que les dits priviléges n'ayant été supprimés ni révoqués par aucuns édits, déclarations et arrêts depuis rendus.

Si donnons en mandement à nos amez et féaux conseillers, les gens tenant notre Cour des comptes, aydes et finances à Rouen, présidents, trésoriers de France et généraux de nos finances à Caen, élus sur le fait de nos aydes et tailles en l'élection de Valognes et tous autres justiciers et officiers, leurs lieutenants et chacun d'eux sy comme à lui appartiendra que de notre présente grâce, approbation et confirmation desdits priviléges, ils fassent lesdits exposants bourgeois, manants et habitants de notre dite ville et faubourgs de Cherbourg et leurs successeurs jouir et user pleinement et paisiblement et perpétuellement à toujours, sans en ce leur faire ny souffrir, leur être fait aucun trouble ny empêchement, au contraire, ainsy fait, mis ou donné au premier état, car tel est notre plaisir, nonobstant tous édits, déclarations, ordonnances, réglements, arrêts et commissions à ce contraires expédiés et à expédier, et qu'il soit ou fût mandé, y comprendre exempts et non exempts, privilégiés et non privilégiés, en quoy ne voulons ny n'entendons lesdits habitants de Cherbourg ny leurs successeurs être compris en aucune manière ny pour quelqne cause ou à quelque occasion que ce soit, ainsi en tant que de besoin est ou serait les en avons exemptés et réservés, exemptons et réservons et avec dérogations des dérogatoires y contenues, nous avons en faveur desdits bourgeois, manants et habitants dérogé et dérogeons, de notre grâce spéciale, certaine science, pleine puissance et autorité royale par ces présentes et d'autant que des dites présentes on pourrait avoir besoin en plusieurs et divers lieux, nous voulons qu'une copie d'icelles, collationnée par l'un de nos amez et feaux conseillers secrétaires, maison et couronne de France et de nos finances, foy soit adjoutée comme au présent original, et à fin que ce soit chose ferme et stable à toujours, nous avons fait mettre notre scel à ces dites présentes, sauf en autre chose notre droit et l'autrui en toutes.

Donné à Paris, au mois de mai l'an de grâce mil sept cent dix-huit et de notre règne le troisième. Signé LOUIS. Et plus bas, par le Roi : le *Duc d'Orléans*, régent, présent. Signé *Phelypeaux*. Enregistré à la Cour des comptes, aydes et finances de Normandie, le 3 juin 1718. (*Extrait des registres de ladite Cour, année* 1718).

NOTE A.

Voici des lettres patentes données à Rouen en février 1597 au sujet de ce du Tourp.

Henry, par la grâce de Dieu, roy de France et de Navarre, à tous ceux qui ces présentes verront, salut.

Notre bien amé Loys de la Court, de la paroisse d'Anneville-eu-Saire, bailliage du Cotentin, nous a fait remonstrer que lors des troubles et guerres civiles advenues en nostre royaulme, feu François de la Court, sieur du Tourp, son père, et François de la Court, son frère, avaient prins les armes sous l'autorité et adveu de notre cousin le duc de Mayenne et fait la guerre audit pays de Costentin avec plusieurs exploits de guerre et autres effets que les troubles ont produit, pendant lesquels auroit son dit père été tué les armes en main en l'année 1593 par les soldats de la garnison de notre ville de Cherbourg. A raison de quoy et pour ce que durant les dits troubles, notre court de Parlement séante à Caen avoit donné un arrest par défaut et contumace contre son dit père, après sa mort, aurait en haine de ce que le dit défunt aurait rigoureusement fait la guerre, donné autre arrêt portant que son corps serait mis comme il fut sur une roue en la grève de ladite ville de Cherbourg et sa tête sur la porte, avec confiscation de tous ses biens, ce qui aurait davan-

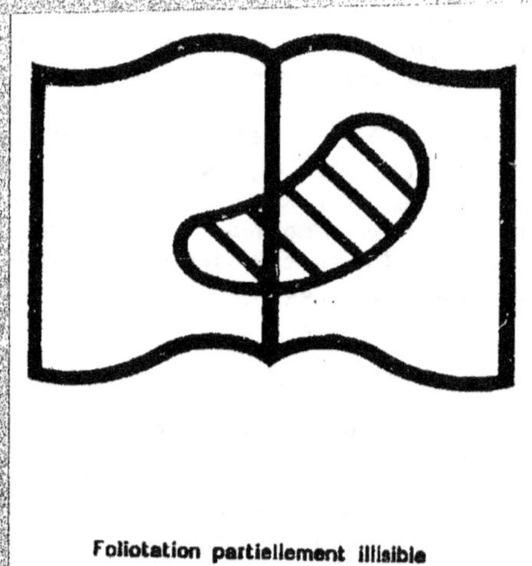
Foliotation partiellement illisible

tage donné subject audit François fils, esmeu de l'indigne traitement faict à son dict père, de continuer à faire la guerre. S'estant rendu dans nostre ville de Honfleur, laquelle par capitulation faite avec notre très cher cousin le duc de Montpensier, gouverneur, et notre lieutenant-général en notre province de Normandie, ayant esté remise en notre obéissance par icelle capitulation vérifiée en notre dicte court, étant porté que ceulx qui voudraient nous prester le serment de fidélité auront pleine et entière main levée de leurs biens, sans pouvoir être recherchés des actes de guerre par eux commis. Suivant laquelle capitulation ledit François, fils du dict feu du Tourp s'était retiré par devers notre cousin le duc de Montpensier pour nous prêter le serment de fidélité.... et avait obtenu lettres de nous le 28 septembre 1594 pour être remis en possession des biens de son dit père, par lesquelles lui avait été octroyé que les corps et tête de son dit père lui feussent baillés pour leur rendre le dernier office de sépulture comme le droit nature l'y obligeait, lesquelles lettres notre Cour de Caen n'aurait voulu homologuer, pourquoi ledit François se voyant (lors fort jeune encore) désespéré et privé de la grâce par nous à lui accordée, reprit les armes contre notre service et surprit la tour de Tatihou audit Costentin, où commandait alors le sieur Delahaye-Réville, ennemi juré des dits de la Court, qui aurait été tué en cette prise; et depuis ladite tour rendue par capitulation faite avec le sieur de Canisy, notre lieutenant au gouvernement dudit pays, et quelque temps après ledit François de la Court aurait été tué les armes en main par la même garnison dudit Cherbourg et traité avec pareille rigueur que son dit père. — La mémoire desquels le suppliant désirerait réparer et se retirer de la suite du sieur de Mercœur pour se réduire en notre obéissance.

A ces causes, désirant traiter favorablement ledit Louis de la Court, voulons que les corps et têtes de ses dits père et frère lui soient rendus en l'état qu'ils se trouvent pour les inhumer, avons remis et rétably lesdits père et frère en leur bonne forme et renommée, ne voulant que leurs précédents leur soient imputés à crime ou reproche, étant le tout aboly et mettant à néant tous arrêts contraires, remettons ledit Loys de la Court en possession et jouissance de tous les biens de ses dits père et frère, nonobstant toutes confiscations, dons ou autres qui sont mis à néant.

Le 26 mars 1597 Loys de la Court prêta serment de fidélité à Henri IV devant Jacques Poirier de Portbail, lieutenant criminel au balliage de Costentin. Ces lettres patentes furent enregistrées à Rouen, en Parlement, le 14 août 1597 malgré l'opposition qu'y avait formée le gouverneur de Cherbourg Michel de Montereul sieur de la Chaulx, et dont il se désista. Son opposition avait pour but d'obtenir le paiement de sommes considérables qui lui étaient dues par la succession des sieurs de la Court père et fils. La Cour imposa à Loys de la Court l'obligation d'acquitter ces dettes. (*Archives de la Cour des comptes de Normandie*, 1597.)

www.ingramcontent.com/pod-product-compliance
Lightning Source LLC
LaVergne TN
LVHW020506230826
846091LV00008BA/3364

* 9 7 8 2 0 1 6 1 3 9 6 5 3 *